HOME INVOLVEMENT
ACTIVITIES
in English and Spanish
Grade 4

Macmillan
McGraw-Hill

New York • Farmington

Macmillan/McGraw-Hill

A Division of The McGraw-Hill Companies

Copyright © 1997 Macmillan/McGraw-Hill, a Division of the Educational and Professional Publishing Group of The McGraw-Hill Companies, Inc.

All rights reserved. Permission granted to reproduce for use with MACMILLAN/McGRAW-HILL READING/LANGUAGE ARTS. No other use of this material, or parts thereof including reproduction, or distribution, or storage in an electronic database permitted without the prior written permission of the publisher except as provided under the United States Copyright Act of 1976.

Macmillan/McGraw-Hill
1221 Avenue of the Americas
New York, New York 10020

Printed in the United States of America

ISBN 0-02-181292-6 / 4

4 5 6 7 8 9   MAL   02 01 00 99 98 97

Home Involvement Activities

Grade 4
TABLE OF CONTENTS

Level 10
Unit 1, Make a Wish

The Rajah's Rice..1

A Little Excitement...2

The Lost Lake...3

Sarah, Plain and Tall...4

Unit 2, Naturally!

Seal Journey..5

Do Not Disturb: The Mysteries of
Animal Hibernation and Sleep..6

Why Frog and Snake Never Play Together..............................7

A Kettle of Hawks and Other Wildlife Groups.........................8

Unit 3, That's What Friends Are For

Mom's Best Friend...9

Justin and the Best Biscuits in the World..........................10

Felita...11

Teammates...12

Unit 4, Pitch In!

City Green. 13

Whales. 14

Just a Dream. 15

Rachel Carson: Protector of Planet Earth. .16

Unit 5, Memories to Keep

Pat Cummings: My Story. 17

The Lucky Stone. 18

Creation of a California Tribe:
Grandfather's Maidu Indian Tales. 19

No Star Nights. 20

Unit 6, Twice-Told Tales

Yeh-Shen: A Cinderella Story from China. .21

The Three Little Pigs and the Fox. 22

Mufaro's Beautiful Daughters. 23

The Stonecutter. 24

The Rajah's Rice

Your child is reading "The Rajah's Rice," a mathematical folk tale from India, retold by the children's author David Barry. It tells the story of how a clever girl named Chandra rescues her village from poverty and hunger—just by knowing something about elephants and the great power of powers of two.

You may want to try some of these story activities.

Revisit the Story

Encourage your child to tell this tale to family members and to explain what lessons the story suggests. Afterwards, family members might share some of their own favorite folk tales. You might initiate a discussion about what, if any, lessons might be drawn from each of these tales.

Additional Readings

"The Rajah's Rice" is just one of hundreds of delightful folk tales from India. To read some others, look for these books in your library: *Best Loved Folk Tales of India* by P. C. Roy Choudhury and *Seasons of Splendour* by Madhur Jaffrey. You can also hear Indian folk tales read aloud by Zia Mohyeddin on the cassette tape *The Fables of India*.

A Family "Math-a-Magic" Show

"The Rajah's Rice" shows that knowing a little math can lead to some magical results. Your family might find it fun to put on a "math-a-magic" show. Look for the book *Math-a-Magic* by Laurence B. White and Ray Broekel, or other books of math tricks. Have family members choose tricks to learn and practice. Then take time for everyone to perform the tricks for each other. You might even want to invite friends to come and watch!

Level 10/Unit 1 • The Rajah's Rice 1

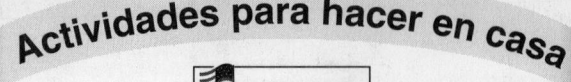

El arroz del Rajá

Su hijo/a está leyendo "El arroz del Rajá", un cuento folklórico de la India sobre las matemáticas, en versión del escritor infantil David Barry. Este cuento relata cómo una niña llamada Chandra rescata a su pueblo de la pobreza y el hambre, gracias a sus conocimientos sobre los elefantes y al gran poder de un número elevado a la potencia.

Actividades para el cuento

Otro vistazo al cuento

Animen a su hijo/a a contar este cuento a la familia y a conversar sobre sus enseñanzas. Algunos familiares podrían contar sus cuentos folklóricos preferidos y concluir con la moraleja de cada una de estas historias.

Lecturas adicionales

"El arroz del Rajá" es sólo uno de los cientos de encantadores cuentos folklóricos de la India. Para leer otros, podrían buscar estos libros en la biblioteca: *Best Loved Folk Tales of India* de P.C. Roy Choudhury y *Seasons of Splendour* de Madhur Jaffrey. Si desean, busquen el libro en español titulado *Betania* de Ricardo Alcántara e Irene Bordoy.

Un espectáculo familiar de "matemagias"

"El arroz del Rajá" demuestra que conocer un poco sobre matemáticas puede llevar a algunos resultados mágicos. Su familia se divertirá montando un espectáculo de "matemagias". Busquen el libro *Math-a-Magic* de Laurence B. White y Ray Broekel u otros libros de trucos matemáticos. Pidan a sus familiares que escojan algunos trucos para aprenderlos y practicarlos, y luego presenten el espectáculo ante la familia reunida. Quizás también quieran invitar a unos amigos a verlo.

1A **Nivel 10/Unidad 1 • El arroz del Rajá**

Home Involvement Activities

A Little Excitement

Your child is reading the story "A Little Excitement" by Marc Harshman. Set on a family farm, it tells about a boy who wishes for excitement and ends up having to endure a fire that endangers his home. In the course of this action-packed tale, the boy learns that wishes don't always have expected results and that sisters aren't always what they first appear to be.

You may want to try some of these story activities.

Revisit the Story

Encourage your child to recount the plot of "A Little Excitement" to family members. Afterward, the family might want to talk about wishes they made that came true in distressing or surprising ways.

Additional Readings

Look for these and other books about wishes that may be available in the library: . . . *And Now Miguel* by Joseph Krumgold, and *Juma and the Magic Jinn* by Joy Anderson. Set aside time to read them aloud with your child.

Fire Drill

Organize a family fire drill. First, name a family fire drill captain. Then on a sheet of paper that you can tack up on the refrigerator or bulletin board, draw a plan of your house showing exit routes, and list the rules for safe procedures.

Macmillan/McGraw-Hill

Level 10/Unit 1 • A Little Excitement 2

Actividades para hacer en casa

Un poco de emoción

Su hijo/a está leyendo el libro "Un poco de emoción" de Marc Harshman. Ambientado en una granja, este cuento trata de un muchacho que desea un poco de emoción y termina viviendo la experiencia de un incendio que pone en peligro a su hogar. Durante el transcurso de este cuento lleno de acción, el muchacho aprende que los deseos no siempre tienen los resultados esperados y que las hermanas no son siempre lo que aparentan.

Actividades para el cuento

Otro vistazo al cuento

Animen a su hijo/a a contar este cuento a la familia. Quizás más adelante ustedes quieran contarle algunos deseos que hayan tenido en el pasado y que se hicieron realidad de manera angustiosa o sorprendente.

Lecturas adicionales

Busquen en la biblioteca éstos y otros libros sobre deseos: *Santino el pastelero* de Asun Balzola y *Juma and the Magic Jinn* de Joy Anderson. Sería buena idea leerlos en voz alta en compañía de su hijo/a.

Ejercicios contra incendios

Organicen un ejercicio contra incendios. Primero, busquen entre los miembros de la familia un capitán. Luego, en una hoja de papel que puedan pegar en el refrigerador o en un tablero de anuncios, tracen un plano de la casa en el que estén señaladas las salidas y enumeradas las reglas de seguridad.

Home Involvement Activities

The Lost Lake

Your child is reading "The Lost Lake" by Allen Say. It is about a young boy, who visits his father only during the summer months. On a camping trip, they search for a hidden, unspoiled lake the father remembers. The search becomes a way for father and son to get to know each other and to recover their almost-lost relationship.

You may want to try some of these story activities.

Revisit the Story

Encourage your child to retell this story of a boy and his father's camping trip. Ask your child to describe how the boy felt when he thought that his father was ignoring him. You might extend this into a discussion about how family members can best communicate with each other.

Additional Readings

Look for these other books written and illustrated by Allen Say in your local library: *El Chino*, the story of the first Chinese bullfighter, and *Tree of Cranes*. Plan to read them aloud together.

Vacation Hideaways

Your family may enjoy researching a potential trip to a secluded country place. You can gather material about scenic uncrowded places from travel agents or library books. Then decide which vacation spot seems most intriguing.

Level 10/Unit 1 • The Lost Lake 3

Actividades para hacer en casa

El lago perdido

Su hijo/a está leyendo el libro "El lago perdido" de Allen Say. Esta es la historia de un muchacho que visita a su padre durante los meses de verano. En una excursión al campo, buscan un lago escondido que el padre recuerda de épocas pasadas. La búsqueda se convierte para el padre y el hijo, en una manera de conocerse y de recuperar una relación casi perdida.

Actividades para el cuento

Otro vistazo al cuento

Alienten a su hijo/a a contar esta historia. Pídale que describa cómo se sentía el muchacho cuando pensaba que su padre lo ignoraba. Podría ampliar esta charla sugiriendo algunas maneras de comunicarse mejor entre los miembros de la familia.

Lecturas adicionales

Busquen en la biblioteca de la localidad éstos y otros libros escritos e ilustrados por Allen Say: *El Chino*, que cuenta la historia del primer torero chino, y *The Tree of Cranes*. Planifiquen una lectura en voz alta de estos libros.

Escondites donde pasar vacaciones

A su familia posiblemente le gustaría investigar acerca de un posible viaje a un lugar retirado en el campo. Reúnan información acerca de lugares pintorescos y poco concurridos, ya sea en agencias de viajes o en libros de la biblioteca. Decidan luego qué lugar de vacaciones les parece más secreto.

Home Involvement Activities

Sarah, Plain and Tall

Your child is reading "Sarah, Plain and Tall" by Patricia MacLachlan. It is a heartfelt story about Sarah, a mail-order bride, and the prairie family who hopes she will stay with them. Sarah must choose between the family in the West and her home in Maine. The choice she makes shows that even the happiest decisions involve some loss and some sacrifice.

You may want to try some of these story activities.

Revisit the Story

Encourage your child to retell the story to family members. Some members may have their own stories to tell about moving from one area to another, and from one home to another.

Related Readings and Recordings

Borrow *Little House on the Prairie* by Laura Ingalls Wilder from the library to share with your family. Some family members may already be familiar with the television series. The family might also enjoy listening to the music of the prairie and the West on National Geographic's cassette, *Cowboy Songs*.

Women of the West

Interested family members might like to find out more about the women who migrated to the American West. Suggest that they look for books on this topic in the library card catalog. Invite them to share what they learn with other family members.

Level 10/Unit 1 • Sarah, Plain and Tall 4

Actividades para hacer en casa

Sarah, sencilla y alta

Su hijo/a está leyendo "Sarah, sencilla y alta" de Patricia MacLachlan, una conmovedora historia acerca de una novia "solicitada por correo" y la familia de la pradera que desea que se quede con ellos. Sarah debe escoger entre la familia en el Oeste y su hogar en Maine. La elección que hace demuestra que aun las decisiones más felices involucran algo de pérdida y de sacrificio.

Actividades para el cuento

Otro vistazo al cuento

Animen a su hijo/a a contar el cuento a sus familiares. Algunos de ellos podrían tener sus propias historias que contar, acerca de mudarse de una ciudad a otra o de una casa a otra.

Lecturas y grabaciones relacionadas

Pidan prestado a la biblioteca el libro *La pequeña casa de la pradera* de Laura Ingalls Wilder para compartirlo con la familia. Algunos familiares recordarán la serie de televisión. También podrían disfrutar de la música de la pradera y el Oeste escuchando la grabación de "National Geographic", *Cowboy Songs*.

Mujeres en el Oeste

A los familiares que se interesen en el tema, les agradaría aprender más acerca de las mujeres que emigraron al Oeste de Estados Unidos. Sugiéranles que busquen libros sobre el tema en el catálogo de la biblioteca. Luego, invítenlos a compartir con los demás miembros de la familia lo que hayan aprendido.

Home Involvement Activities

Seal Journey

Your child is reading the nonfiction selection "Seal Journey." It recounts the wondrous day that the writer, photographer, and activist Richard Sobol spent with his son Jonah observing a harp seal colony on Prince Edward Island. While there, they encountered hundreds of harp seals and, most remarkably, some newborn seal pups. Sobol happily notes that, thanks to the protection of recent laws, the seals are now safe from hunters.

You may want to try some of these story activities.

Revisit the Selection

Your child might enjoy telling family members about what he or she has learned about seals from this selection. Suggest that your child try to sum up the life cycle of the harp seal. The family might then extend this into a discussion of the life cycle of other animals.

Additional Readings

Family members can learn more about seals—and see some great photographs, too—from these books, available at your local library: *Elephant Seals* by Sylvia A. Johnson, *The Seal on the Rocks* by Doug Allan, and *The Wonderful World of Seals and Whales* by Sandra Lee Crow.

Save the Animals

There are many things family members can do together to protect animals. Just for starters, you can make sure you have only "cruelty-free" products in your home; you can write letters to Congresspeople supporting national wildlife sanctuaries; or you can paint an "animural" on canvas and hang it outside. For some more great ideas, browse through the book *Kids Can Save the Animals!* by Ingrid Newkirk.

Actividades para hacer en casa

Una visita a las focas

Su hijo/a está leyendo el texto "Una visita a las focas", que relata las extraordinarias vivencias del escritor, fotógrafo y activista Richard Sobol y su hijo Jonah cerca de una colonia de focas en la isla Prince Edward. Durante su estadía, observan con atención el comportamiento de cientos de estos animales y sus crías. Sobol concluye felizmente que, gracias a la creación de leyes recientes, las focas están ahora a salvo de los cazadores.

Actividades para el cuento

Otro vistazo a la selección

Su hijo/a podría disfrutar mucho si reúne a sus familiares para darles una charla sobre lo aprendido en este texto. Sugiéranle que resuma el ciclo de vida de la foca. La familia podría entonces ampliar la charla y hablar del ciclo de vida de otros animales.

Lecturas adicionales

Los miembros de la familia pueden aprender más acerca de las focas y ver excelentes fotos en los siguientes libros de la biblioteca: *Elephant Seals* de Sylvia A. Johnson y *The Seal on the Rocks* de Doug Allan. En español, sería muy interesante leer *Osos* de Norman Barrett.

Proteger a los animales

Hay muchas cosas que los miembros de la familia pueden hacer para proteger a los animales. Para comenzar, asegúrense de no tener en la casa productos que hayan sido probados en animales. Además, pueden escribir a los miembros del Congreso apoyando los parques nacionales o pintar un "mural animal" en un lienzo y colgarlo afuera de la casa. Si desean obtener más ideas, hojeen el libro *Kids Can Save the Animals!* de Ingrid Newkirk.

Home Involvement Activities

Do Not Disturb

Your child is reading an excerpt from the nonfiction book *Do Not Disturb: The Mysteries of Animal Hibernation and Sleep* by Margery Facklam. It describes how scientists managed to track a grizzly bear to its winter den. This proved to be an essential first step in understanding how bears hibernate. The excerpt includes fascinating facts about bears and tells about the latest technologies used to study them.

You may want to try some of these story activities.

Revisit the Selection

Your child may enjoy telling family members about hibernation. Suggest that your child concentrate on some of the methods used to find, restrain, tranquilize, and study the bears. The family might then extend this into a discussion about the most humane ways to study animals.

Additional Readings

Would your family like to read some books by Margery Facklam together? Look for these in your library: *And Then There Was One: The Mysteries of Extinction* and *Partners for Life: The Mysteries of Animal Symbiosis*.

Pillow Book

Your family might find it fun to put together an illustrated scrapbook about sleep and dreams. After researching the subject in the library, family members can create written explanations, graphs, and drawings about sleep, eye-movement during dreams, and other sleep-related topics.

Level 10/Unit 2 • Do Not Disturb

Actividades para hacer en casa

No molestar

Su hijo/a está leyendo un fragmento del libro de ciencias *No molestar: los misterios del sueño y de la hibernación de los animales* de Margery Facklam. Este texto describe cómo unos científicos se las ingeniaron para seguirle la pista a un oso grizzly hasta su guarida de invierno. Este estudio demostró ser un primer paso esencial para comprender cómo hibernan los osos. El fragmento incluye datos fascinantes acerca de estos animales y de la moderna tecnología usada para estudiarlos.

Actividades para el cuento

Otro vistazo a la selección

A su hijo/a le encantará contarle a su familia algunos datos sobre la hibernación. Sugiéranle que se concentre en los métodos empleados para encontrar, encerrar, tranquilizar y estudiar a los osos. La familia, después, podría ampliar la charla y comentar los modos más humanos para estudiar a los animales.

Libro almohada

A su familia, tal vez le gustaría elaborar un álbum ilustrado de sueños. Después de investigar el tema en la biblioteca, sus familiares podrían escribir algunas conclusiones y hacer gráficos y dibujos acerca del sueño, el movimiento de los ojos durante éste y sobre otros asuntos relacionados con el tema.

Lecturas adicionales

¿Le gustaría a su familia leer otros libros de Margery Facklam? Busquen éstos en la biblioteca: *And Then There Was One: The Mysteries of Extinction* y *Partners for Life: The Mysteries of Animal Symbiosis*. Tal vez les interese el libro en español *Osos* de Norman Barrett.

Home Involvement Activities

Why Frog and Snake Never Play Together

Your child is reading "Why Frog and Snake Never Play Together," an African folk tale told by the well-known children's author and illustrator Ashley Bryan. The tale is about a young frog and snake who play together as friends until their mothers inform them that they are natural enemies. After that, the two playmates can no longer trust each other, and their innocent games come to a halt.

You may want to try some of these story activities.

Revisit the Story

Encourage your child to retell the story to the family. What do family members know about the food chain? Have them contribute to a discussion on the relationship between prey and predator and how this helps maintain the balance of nature.

Additional Readings

Discover why Ashley Bryan has earned such an outstanding reputation in children's literature. Look for his books in the library. A few to try are *The Dancing Granny, Lion and the Ostrich Chicks and Other African Folk Tales,* and *Sh-ko and His Eight Wicked Brothers.*

Snake Digestion

Your family may be interested in learning more about how snakes actually swallow frogs, since snakes have no teeth and their mouths are often smaller than the bodies of their prey. Suggest that family members prepare a series of labeled drawings that illustrate how a snake eats and digests its prey.

Macmillan/McGraw-Hill

Level 10/Unit 2 • Why Frog and Snake Never Play Together 7

Actividades para hacer en casa

¿Por qué sapo y culebra nunca juegan juntos?

Su hijo/a está leyendo "¿Por qué sapo y culebra nunca juegan juntos?", un cuento folklórico africano reescrito por el renombrado escritor e ilustrador de libros infantiles, Ashley Bryan. El cuento trata de un sapito y una culebrita que juegan juntos como amigos, hasta que sus madres les informan que ellos son enemigos naturales. Después de la noticia, los compañeros de juegos no pueden confiar más el uno en el otro y sus inocentes juegos acaban.

Actividades para el cuento

Otro vistazo al cuento

Animen a su hijo/a a contar este cuento a los miembros de la familia. ¿Qué saben ustedes y ellos acerca de la cadena alimenticia? Pídales a sus familiares que compartan la información que tengan sobre la relación que existe entre presa y predador y cómo ayuda ésta a mantener el balance de la naturaleza.

Lecturas adicionales

Descubran por qué Ashley Bryan goza de tanta reputación en el campo de la literatura infantil. Busquen éstos y otros de sus libros en la biblioteca: *The Dancing Granny*, *Lion and the Ostrich Chicks* y *Other African Folk Tales*. Si desean, busquen el libro en español titulado *Ranas* de Lucy Baker y Barbara Taylor.

La digestión de las culebras

Su familia podría tener interés en aprender más sobre cómo las culebras comen a los sapos, a pesar de que algunas no tienen dientes y su boca es más pequeña que sus presas. Sugieran que algunos miembros de la familia preparen una serie de dibujos ordenados que ilustre cómo comen las culebras y digieren sus presas.

Home Involvement Activities

A Kettle of Hawks

Your child is reading an excerpt from the nonfiction book *A Kettle of Hawks and Other Wildlife Groups* by the naturalist and artist Jim Arnosky. The selection demonstrates how collective nouns for animal groups, such as *swarm, school,* and *gaggle,* are clues to animal behavior and can hint at how these animals look, move, and sound.

You may want to try some of these story activities.

Revisit the Selection

Suggest that your child tell the family about the group names for wildlife they have learned. Family members who are nature lovers may want to contribute collective names that they have thought of as they watched a pattern of birds in the sky, insects in the grass, or other groups of animals.

Additional Readings

Jim Arnosky has written several children's books. Look for them in the library. These include *Crinkeroot's Book of Animal Tracking* and *Secrets of a Wildlife Watcher.*

Groupies and Loners

Family members may want to investigate why some animals live in groups while others are solitary. Individuals can choose a type of animal to research. They can then present their findings, and discuss the advantages for that animal in living alone versus living in a group.

Actividades para hacer en casa

Halcones

Su hijo/a está leyendo un fragmento del libro de ciencias *Halcones y otros grupos de animales* del naturalista e ilustrador Jim Arnosky. La selección demuestra cómo los nombres colectivos de los grupos de animales, por ejemplo, *enjambre, banco y manada*, son indicativos del comportamiento de los animales y dan pistas de cómo éstos lucen, se mueven o suenan.

Actividades para el cuento

Otro vistazo a la selección

Sugieran a su hijo/a que le enseñe a la familia los nombres de los grupos de animales que conozca. A su vez, quienes sean amantes de la naturaleza podrían mencionar los tipos de diseños y formas que han descubierto al ver un grupo de pájaros en el cielo, de insectos en la hierba u otro grupo de animales.

Lecturas adicionales

Jim Arnosky ha escrito varios libros para niños, y entre éstos se pueden encontrar en la biblioteca: *Crinkeroot's Book of Animal Tracking* y *Secrets of a Wildlife Watcher*. Un libro en español que les puede interesar es *¿Qué ven, oyen, huelen y sienten los animales?* de la National Wildlife Federation.

Gregarios o solitarios

Quizás algunos miembros de la familia deseen investigar por qué unos animales viven en grupos y otros son solitarios. Podrían escoger individualmente un animal para investigar, y luego presentar sus datos y comentar las ventajas que tiene para ese animal vivir solo en grupo.

Home Involvement Activities

Mom's Best Friend

Your child is reading the nonfiction selection "Mom's Best Friend" by Sally Hobart Alexander, a writer who is blind. In it, Alexander describes—from the perspective of her daughter Leslie—her trip to the Seeing Eye school to receive her new guide dog, Ursula. The selection includes fascinating details about how guide dogs and their blind owners train together to become working teams, and describes some of the obstacles they face.

You may want to try some of these story activities.

Revisit the Selection

Your child might enjoy explaining to family members how a guide dog is trained. Suggest that he or she concentrate on some of the skills a guide dog must learn. The family might then extend this into a discussion of the many ways in which animals and humans work together.

Additional Readings

Would your family like to read together more books about guide dogs for the blind? Look for these in your library: *Maggie by My Side* by Beverly Butler, *A Guide Dog Puppy Grows Up* by Caroline Arnold, and *Assistance Dogs* by Elizabeth Ring.

Activities Without Sight

This selection mentions the daily activities Sally Hobart Alexander performs, such as cooking, dusting, doing laundry, and playing the piano. With family members, take turns being blindfolded for an hour at a time. Try to do as much as possible of your regular routine. Afterward, discuss what was easy and what was hard. Has this given you any new understanding of what it's like to be blind?

Level 10/Unit 3 • Mom's Best Friend

Actividades para hacer en casa

La mejor amiga de mamá

Su hijo/a está leyendo la selección "La mejor amiga de mamá" de Sally Hobart Alexander, una escritora ciega. En este cuento, Alexander describe, desde la perspectiva de su hija Leslie, un viaje a la escuela de perros guía, para recibir a Ursula, su nueva acompañante. Este texto incluye detalles fascinantes sobre cómo los perros guías y sus dueños ciegos se adiestran para convertirse en un equipo, y describe también algunos de los obstáculos a los que tienen que enfrentarse.

Actividades para el cuento

Otro vistazo a la selección

A su hijo/a le gustará explicar a los miembros de la familia cómo se adiestra a un perro guía. Sugiéranle que se concentre en algunas de las destrezas que debe aprender el animal. La familia podría ampliar la charla y comentar las diversas formas en que se colaboran entre sí animales y humanos.

Lecturas adicionales

Busquen en la biblioteca los siguientes libros acerca de los perros guías: *Maggie by My Side* de Beverly Butler y *A Guide Dog Puppy Grows Up* de Caroline Arnold. También pueden buscar el libro en español, *Las gafas maravillosas* de Anke Munter.

Sin vista

En esta selección se mencionan las actividades diarias que Sally Hobart Alexander desempeña, por ejemplo, cocinar, sacudir el polvo, lavar y tocar el piano. Con miembros de la familia, túrnense para vendarse los ojos durante una hora cada uno y procuren hacer lo más que puedan de sus quehaceres diarios. Después, comenten qué fue fácil o difícil de hacer. ¿Les ha dado esta experiencia un nuevo entendimiento de lo que significa estar ciego?

Home Involvement Activities

Justin and the Best Biscuits in the World

Your child is reading "Justin and the Best Biscuits in the World" by Mildred Pitts Walter. It is the story of ten-year-old Justin, who comes to his grandfather's ranch filled with excitement at the prospect of doing "men's work." To his dismay, he finds that real men also wash dishes, make beds, and cook—work that Justin resists doing. Fortunately, Justin has an understanding grandpa. In no time at all he teaches Justin the value of knowing how to do whatever needs to be done.

You may want to try some of these story activities.

Revisit the Story

Encourage your child to retell the story of Justin's stay on the ranch. Afterward, discuss with family members their attitude about "women's work" and "men's work." How strongly do they believe in these categories, and why?

Additional Readings

Your family may enjoy sharing other books by Mildred Pitts Walter. Look for these in your library: *Ty's One-Man Band, Mariah Keeps Cool,* and *Have a Happy. . . .*

Chores—The Way I See 'Em!

Chores can be fun if they are things a person likes to do. Spend an evening in which family members tell which chores they would like to do, if they could have their way. Perhaps some positive suggestions will be made about how the family routine might be adapted so that all the members can whistle while they work!

Level 10/Unit 3 • Justin and the Best Biscuits in the World

Actividades para hacer en casa

Justin y los mejores panecillos del mundo

Su hijo/a está leyendo "Justin y los mejores panecillos del mundo" de Mildred Pitts Walter. Este cuento trata de la historia de un niño de diez años llamado Justin, que llega entusiasmado al rancho de su abuelo, con la idea de hacer "tareas de hombres". Justin se sorprende muchísimo cuando se da cuenta de que, en realidad, los hombres también lavan platos, hacen las camas y cocinan, cosas que él nunca quiere hacer. Afortunadamente, el abuelo de Justin es muy comprensivo y en muy poco tiempo le enseña a su nieto lo valioso que es saber hacer las tareas necesarias.

Actividades para el cuento

Otro vistazo al cuento

Animen a su hijo/a a contar este cuento. Luego, conversen entre los miembros de la familia acerca de lo que piensa cada uno de las "tareas de mujeres" y las "tareas de hombres". ¿Qué tanto creen en estas categorías y por qué?

Lecturas adicionales

Su familia disfrutará otros libros de Mildred Pitts Walter que podrán hallar en la biblioteca: *Ty's One-Man Band*, *Mariah Keeps Cool* y *Have a Happy...* Si desean, busquen el siguiente libro en español: *Gente* de Peter Spier.

¿Qué pienso de las tareas?

Las tareas son divertidas siempre y cuando uno las quiera hacer. Reúnan la familia para averiguar qué tareas haría cada persona si pudieran escoger. Tal vez surjan sugerencias que faciliten las rutinas familiares y permitan que todos hagan las tareas con alegría.

Home Involvement Activities

Felita

Your child is reading an excerpt from the novel *Felita* by Nicholasa Mohr. The selection offers an insightful look into the ups and downs of friendship between two young girls. When she feels hurt by her friend's secretive behavior in connection with the school play, Felita shares her problem with her Abuelita, her grandmother. Abuelita provides the key to salvaging the threatened friendship.

You may want to try some of these story activities.

Revisit the Story

Invite your child to tell the story to the family and to explain how Felita must have felt when her friend Gigi withheld information from her. Family members might share incidents in their lives that created problems between them and their friends. How were the problems resolved?

Additional Readings

Books about families can be read together by your family. Check your library for these and other books: *Cornrows* by Camille Yarbrough, *Family Pictures/ Cuadras de Familia* by Carmen Lomas Garza, and *Sugaring Time* by Kathryn Lasky.

Friends' Court

Put Gigi on "trial" for betraying her friend. Hold a mock hearing. Let one family member role-play Gigi and defend herself. The star witness can role-play Felita. Appoint a prosecuting attorney, a judge, and a jury to decide the verdict and to specify actions that must be accomplished to re-cement the friendship.

Actividades para hacer en casa

Felita

Su hijo/a está leyendo una selección del libro *Felita* de Nicholasa Mohr. Este cuento trata de los altibajos que experimentan dos niñas en su amistad. Felita se siente herida porque su amiga se comporta de manera misteriosa al jugar en la escuela. Felita le cuenta lo que le ocurre a su abuelita y ésta le da una idea para salvar la amistad.

Actividades para el cuento

Otro vistazo al cuento

Animen a su hijo/a a contar el cuento a la familia y a explicar cómo cree que se sintió Felita, cuando supo que su amiga Gigi le escondía un secreto. Si desean, ustedes podrían recordar episodios de su vida en los cuales tuvieron dificultades con algunos amigos. ¿Cómo se resolvieron las dificultades?

Lecturas adicionales

Su familia disfrutará leyendo los siguientes libros acerca de la vida en familia: *Cornrows* de Camille Yarbrough, *Family Pictures/Cuadros de familia* de Carmen Lomas Garza y *Sugaring Time* de Kathryn Lasky.

La corte de amigos

Hagan un "juicio" a Gigi por traicionar a su amiga. Organicen una sesión imaginaria en la corte. Pidan a un miembro de la familia que represente el papel de Gigi defendiéndose a sí misma. Otro miembro hará el papel de Felita. Asignen los papeles de fiscal, juez y jurado para decidir el veredicto y especificar las acciones que se deberán llevar a cabo para recuperar la amistad.

Home Involvement Activities

Teammates

Your child is reading the nonfiction selection "Teammates" by Peter Golenbock. It describes how three men—Branch Rickey, Jackie Robinson, and Pee Wee Reese—managed to break through the racial barrier that once excluded African American athletes from major league baseball. Told with simplicity and delicacy, the story introduces young readers to the harsh reality of segregation in the mid-1940s and shows how the determination and spirit of these "team" players helped end segregation in major league baseball.

You may want to try some of these story activities.

Revisit the Story

Encourage your child to tell the family about the men who opened the major leagues to African American athletes. Sports fans might want to discuss their favorite athletes and the contribution each has made to his or her sport.

Additional Readings

Any baseball lovers in your family? Look for these and other baseball books in your library: *The First Book of Baseball* by Marty Appel and *Brooklyn Dodger Days* by Richard Rosenblum.

Batting One Thousand

Is there a good cause in your community for which your family would like to raise money? If so, organize a baseball game among groups in the community. Arrange to sell tickets to spectators and donate the money to the organization of your choice.

Level 10/Unit 3 • Teammates

Actividades para hacer en casa

Compañeros de equipo

Su hijo/a está leyendo la selección "Compañeros de equipo" de Peter Golenbock. Este libro trata de cómo Branch Ricky, Jackie Robinson y Pee Wee Reese lograron romper las barreras que en otros tiempos impedían la participación de los afroamericanos en el béisbol de las Grandes Ligas. Este relato muestra con sencillez y delicadeza la dura realidad de la segregación racial de la década de 1940 y demuestra cómo la determinación de estos jugadores ayudó a acabar con la segregación en el béisbol de las Grandes Ligas.

Actividades para el cuento

Otro vistazo al cuento

Animen a su hijo/a a compartir con el resto de la familia, sus conocimientos acerca de los hombres que abrieron las puertas de las Grandes Ligas a los afroamericanos. Los familiares aficionados a los deportes, podrán contar quiénes son sus atletas favoritos y algunos aspectos importantes de su vida deportiva.

Lecturas adicionales

¿Hay amantes del béisbol en su familia? Si los hay, podrían leer los siguientes libros: *The First Book of Baseball* de Marty Appel y *Puedo ser jugador de béisbol* de Carol Greene.

Bateando por los mil

¿Hay alguna causa en su comunidad por la cual su familia quisiera recaudar fondos? Si la hay, organicen un juego de béisbol entre grupos del vecindario. Hagan arreglos para vender entradas a los espectadores y donen el dinero que recauden a la organización que prefieran.

Home Involvement Activities

City Green

Your child is reading "City Green" by DyAnne DiSalvo-Ryan. In the story, an abandoned building has been torn down by the city, leaving an empty lot. Marcy and her friend Miss Rosa come up with the idea to start a community garden there. Along with some neighbors, they rent the lot from the city and before the summer is out, vegetables, herbs, and flowers are growing in the garden—turning the lot from "good for nothin'" into "nothin' but good."

You may want to try some of these story activities.

Revisit the Story

Encourage your child to retell this story to the family. What do family members know about gardening? Has anyone in the family ever worked in a garden? Have them contribute to a discussion about the purposes gardens serve, especially in cities.

Additional Readings

It's easy to see why DyAnne DiSalvo-Ryan has become one of the most popular children's illustrators. Go to the library and find some of her books. She wrote and illustrated *Uncle Willie and the Soup Kitchen*, and illustrated *The Best-Ever Good-bye Party* by Amy Hest and *Saturday Belongs to Sara* by Cathy Warren.

Start a Community Garden

At the end of this story you'll find instructions for starting a community garden of your own. With family members, look around your neighborhood to find a lot that might be turned into a garden. Family members can also invite friends and neighbors to participate. For more information, you can read *The Community Garden Book* or *The Complete Book of Community Gardening*.

Actividades para hacer en casa

La ciudad se viste de verde

Su hijo/a está leyendo "La ciudad se viste de verde" de DyAnne DiSalvo-Ryan. Este libro cuenta cómo un edificio abandonado fue derrumbado por la municipalidad, convirtiéndolo en un terreno baldío. Marcy y su amiga, la señora Rosa, tienen la idea de hacer un jardín comunitario en el terreno. Con otros vecinos alquilan el terreno a la municipalidad y, antes de acabarse el verano, el jardín ya ha comenzado a dar verduras, hierbas aromáticas y flores. De esta manera un terreno inútil se convirtió en un jardín muy productivo.

Actividades para el cuento

Otro vistazo al cuento

Animen a su hijo/a a contar este cuento a la familia. Averigüen si algún pariente cercano o un vecino saben de jardinería o si han hecho un jardín alguna vez. Conversen acerca de la función de los jardines, especialmente los de las ciudades.

Lecturas adicionales

Hallarán en la biblioteca el libro *Uncle Willie and the Soup Kitchen,* escrito e ilustrado por DiSalvo-Ryan, además de éstos otros ilustrados también por DiSalvo-Ryan: *The Best-Ever Good-bye Party* de Amy Hest y *Saturday Belongs to Sara* de Cathy Warren. Un libro en español que les interesará es *Dentro de la selva tropical* de Diane Willow.

Un jardín comunitario

Al final del libro hallarán instrucciones para hacer un jardín comunitario. Salgan con la familia en busca de un terreno baldío que se pueda convertir en un jardín. Los familiares también pueden invitar a sus amigos y vecinos a participar en la tarea. Si desean más información, lean *Community Garden Book* o *The Complete Book of Community Gardening.*

Home Involvement Activities

Whales

Your child is reading an excerpt from the nonfiction book *Whales* by Seymour Simon. The text is supplemented by breathtaking photos and provides many interesting facts about a few of the ninety species of whales that swim the ocean's waters. Two species—the toothed and the baleen—are, perhaps, the most unique mammals in the sea, yet their days may be numbered. Many species of whales are already on the brink of extinction.

You may want to try one of these activities related to the selection.

Revisit the Selection

Encourage your child to tell family members about the different species of whales and how they live. Discuss how these huge mammals have adapted to their watery life and how whale hunting has caused the whale population to become dangerously low. What is being done to save the whales?

Additional Readings

Your family may enjoy reading other books by Seymour Simon. Many of his award-winning books are available in the library. A few to look for are *Big Cats*, *Snakes*, and *Wolves*.

Whale Watch

Family members might like to view whales close up. Plan a family outing to an aquarium, or a natural history museum, or, if possible, to one of the locations on either coast where whale watchers gather during the yearly whale migrations.

Actividades para hacer en casa

Ballenas

Su hijo/a está leyendo una selección del libro titulado *Ballenas* de Seymour Simon. El texto está ilustrado con fotos imponentes y proporciona datos interesantes acerca de algunas de las noventa especies de ballenas que nadan en las aguas de los océanos. Dos de estas especies son, tal vez, los animales más peculiares del mar y, sin embargo, es posible que sus días estén contados. Muchas especies de ballenas ya se encuentran en peligro de extinción.

Actividades para el cuento

Otro vistazo a la selección

Animen a su hijo/a a contar a la familia, lo que aprendió acerca de las distintas especies de ballenas y de la forma en que éstas viven. Conversen acerca de cómo estos mamíferos gigantescos, se adaptaron a la vida acuática y cómo la caza de ballenas ha causado una disminución alarmante, en el número de estos animales. Averiguen qué se está haciendo para salvar a las ballenas.

Lecturas adicionales

Su familia disfrutará la lectura de otros libros de Seymour Simon. En la biblioteca hallarán algunos de los siguientes: *Big Cats*, *Snakes* y *Wolves*. Si desean libros de animales en español, busquen la *colección "Mamíferos marinos"* de Sarah Palmer.

Para ver de cerca las ballenas

A su familia tal vez le interese observar ballenas desde muy cerca. Programen una excursión familiar a un acuario, a un museo de historia natural o, si fuera posible, a uno de esos lugares en la costa Este u Oeste donde la gente se reúne para observar ballenas durante las migraciones anuales.

Home Involvement Activities

Just a Dream

Your child is reading "Just a Dream," a fantasy written and illustrated by Chris Van Allsburg. It is the story of a young boy who goes to sleep wishing he could live in the future. The future he "wakes up to" in his dream is not the high-tech utopia he envisioned, but an unpleasantly polluted and overcrowded world. When he awakens from his dream a wiser boy, he rushes to repair the damage he had done before becoming aware of the plight of our earth.

You may want to try some of these story activities.

Revisit the Story

Encourage your child to retell Walter's dream to the family and to explain the moral of the story. You might discuss some of the technological conveniences used in your home—dishwashers, hair dryers, and the like. How much energy do these machines consume? How much convenience do they offer? Is the convenience worth the price to our planet?

Additional Readings

Chris Van Allsburg is a noted children's author. Find out why by checking out these and others of his books from your library: *The Wreck of the Zephyr, Jumanji, The Garden of Abdul Gasazi,* and *The Polar Express.*

The Future Perfect

Ask family members to rethink Walter's dream and create a future in which ecology and convenience go hand in hand. What will this future look like? Draw pictures to show how everyday tasks are accomplished and our resources preserved.

Level 10/Unit 4 • Just a Dream

Actividades para hacer en casa

Sólo un sueño

Su hijo/a está leyendo el libro "Sólo un sueño", una fantasía escrita e ilustrada por Chris Van Allsburg. Este cuento trata de un niño que se va a dormir con el deseo de vivir en el futuro. El futuro en el cual "se despierta" en su sueño no es la utopía de alta tecnología que él quería encontrar, sino un mundo desagradable, contaminado y superpoblado. Al despertarse de su sueño convertido en un niño más sabio, se apresura a reparar los daños que causó cuando no era consciente del peligro que acechaba a la Tierra.

Actividades para el cuento

Otro vistazo al cuento

Animen a su hijo/a a contar a su familia el sueño del pequeño Walter y a explicar la moraleja del cuento. Si desean, conversen acerca de algunos de los electrodomésticos que ustedes tienen en la casa, tales como lavadoras, secadores de pelo, etc. ¿Cuánta energía consumen estas máquinas? ¿Qué tan convenientes son? ¿Vale la pena tenerlos y pagar el precio de dañar el planeta?

Lecturas adicionales

Chris Van Allsburg es un conocido autor de libros infantiles. Para conocer mejor su trabajo, pueden leer éstos y otros libros suyos: *The Wreck of the Zephyr, Jumanji* y *The Polar Express.* También pueden buscar el libro en español titulado *Deforestación tropical* de la colección Nuestro mundo en peligro.

El futuro perfecto

Pidan a los miembros de la familia que piensen en el sueño de Walter y se imaginen un futuro en el cual la tecnología vaya de la mano de la ecología. ¿Cómo sería ese futuro? Hagan dibujos que demuestren cómo se llevarían a cabo las tareas cotidianas y cómo se conservarían los recursos disponibles.

Macmillan/McGraw-Hill

Home Involvement Activities

Rachel Carson

Your child is reading the biographical sketch "Rachel Carson: Protector of Planet Earth" by Virginia Evarts Wadsworth. Carson was a groundbreaking conservationist who—through the publication of her book *Silent Spring* in 1962—made Americans aware of the dangers involved in using chemical pesticides. The book caused such a protest against the indiscriminate use of pesticides that the government was forced eventually to ban the use of DDT.

You may want to try some of these story activities.

Revisit the Selection

Encourage your child to explain who Rachel Carson was and to describe some of her accomplishments. Discuss the changes in government policy toward pollution that have occurred since Carson's book. Is the environment safer today? How has this been accomplished? What is still left to do?

Additional Readings

Your family may enjoy reading together an ecological mystery written by the noted children's author Jean Craighead George. It is titled *Who Really Killed Cock Robin?* and should be available in your local or school library.

Speak Out!

Is there a problem in your community that few people seem to want to hear about? Discuss ways in which your family could bring the issue into the spotlight.

Actividades para hacer en casa

Rachel Carson

Su hijo/a está leyendo una corta biografía titulada "Rachel Carson: Protectora del planeta Tierra" de Virginia Evarts Wadsworth. Carson fue una conservacionista que en 1962 publicó el libro *Silent Spring* y se convirtió en pionera de un movimiento que creó conciencia en los estadounidenses sobre el uso de pesticidas químicos. El libro produjo tal indignación ante el uso indiscriminado de pesticidas, que el gobierno fue finalmente forzado a prohibir el empleo del DDT.

Actividades para el cuento

Otro vistazo a la selección

Animen a su hijo/a a explicarles quién fue Rachel Carson y a describir algunos de sus logros. Conversen acerca de los cambios que han ocurrido en la política del gobierno respecto a la contaminación ambiental, especialmente desde que apareció el libro de Carson. Pregúntense si hoy en día está más protegido el medio ambiente, de qué manera se ha logrado esto y qué falta por hacer.

Lecturas adicionales

Su familia tal vez disfrutará la lectura de un libro ecológico de misterio titulado *Who Really Killed Cock Robin?* de la conocida autora de libros para niños Jean Craighead George. Hallarán este libro en la biblioteca de la escuela o de su vecindario. Un título en español que les interesará es *Salven mi selva* de Monica Zak.

¡Hablen!

¿Hay algún problema en su comunidad del cual pocas personas quieren hablar? Conversen acerca de las formas en que su familia podría hacer que los miembros de la comunidad prestaran atención a este problema.

Home Involvement Activities

Pat Cummings: My Story

Your child is reading "Pat Cummings: My Story," an interview with the popular children's book illustrator Pat Cummings. In the interview, Cummings discusses the kind of art she did as a young girl, where she gets her ideas from, what she most enjoys working on, how she works, and how she got started as an artist.

You may want to try some of these story activities.

Revisit the Selection

Encourage your child to discuss what he or she has learned from this interview, especially where artists might get some of their ideas. Family members might then share where they get their own ideas. Is there some particular activity—such as walking, swimming, talking, or day-dreaming—that helps them to think of good ideas?

Additional Readings

Over the years Pat Cummings's popularity has grown rapidly. She's worked on many books that you can find in your library. Some of the books she's illustrated include *Clean Your Room, Harvey Moon!, C.L.O.U.D.S.,* and *Petey Moroni's Camp Runamok Diary.*

Artistic Experiments

Pat Cummings says that she likes to experiment with different materials in her work. Your family might find it fun to do some artistic experimentation of your own. At a local art supply store, you can find inexpensive materials and instruction books to get you started with paper cutting, origami, collage, batik, and papier mâché—and that's just the beginning! Afterward, you might want to display some of your favorite work around the house.

Actividades para hacer en casa

Pat Cummings: Mi historia

Su hijo/a está leyendo "Pat Cummings: Mi historia", una entrevista a esta conocida ilustradora de libros para niños. En la entrevista, Cummings habla de su trabajo artístico cuando era aún una niña, de cómo se le ocurren las ideas, de los temas que prefiere para sus ilustraciones, de cómo trabaja y de cómo comenzó su vida artística.

Actividades para el cuento

Otro vistazo a la selección

Animen a su hijo/a a contarles lo que ha aprendido de la entrevista y, más especialmente, a contar de dónde obtienen los artistas algunas de sus ideas. Los miembros de la familia podrán hablar de cómo ellos obtienen sus ideas. Piensen si hay una actividad en particular, tal como caminar, nadar, hablar o soñar despierto, qué los ayuda a tener buenas ideas.

Lecturas adicionales

La popularidad de Pat Cummings ha aumentado rápidamente a través de los años. Ha ilustrado muchos libros que hallarán con facilidad en la biblioteca. Entre estos libros se encuentran *Clean Your Room* y *Petey Moroni's Camp Runamok Diary*. Si desean leer un libro en español, busquen *El pintor y el rey* de Joaquín Aguirre Bellver.

Experimentos artísticos

Pat Cummings dice que le gusta experimentar en su trabajo con distintos materiales. A su familia también le agradará realizar un poco de trabajo artístico. Hallarán materiales económicos y libros de instrucciones en una tienda de arte. Esto les permitirá hacer trabajos tales como figuras de papel cortado, origami, colage, batik y papel maché. Más tarde, podrán exhibir en su casa los trabajos que ustedes consideren más vistosos.

Home Involvement Activities

The Lucky Stone

Your child is reading the story "The Lucky Stone" by Lucille Clifton. This is really a story-within-a-story as a great-grandmother shares memories of times long ago with a young girl. One of those memories—a tale about a dancing dog and a lucky stone—describes how great-grandmother met her husband-to-be.

You may want to try some of these story activities.

Revisit the Story

Ask your child to retell the plot of the story to the family. Then have each family member tell about a lucky time in his or her life. Discuss whether good luck charms can really bring good luck.

Additional Readings

Some members of your family may enjoy reading other stories by Lucille Clifton. Look for them in your library. Titles include: *The Boy Who Didn't Believe in Spring* and *Everett Anderson's Goodbye*.

Puzzle Stories

Improvise a story-within-a-story. One family member can begin a story. The next person to take up the telling of it must find a way to have a character within that story tell his or her own story. See how ingenious you can be at linking the stories. Keep going until each person has had a chance to tell a story within the story that came before.

Actividades para hacer en casa

La piedra de la suerte

Su hijo/a está leyendo "La piedra de la suerte" de Lucille Clifton. Este libro es un cuento dentro de otro cuento. En él, una abuela habla a su nieta de sus recuerdos de hace mucho tiempo. Uno de los recuerdos, acerca de un perro bailarín y una roca de la suerte, es la historia de cómo la bisabuela conoció a su futuro esposo.

Actividades para el cuento

Otro vistazo al cuento

Animen a su hijo/a a decirles cuál es la trama del cuento. Luego, pidan a los miembros de la familia que relaten un episodio afortunado de sus vidas. Hablen sobre los amuletos de la suerte y digan si éstos realmente traen la buena suerte o no.

Lecturas adicionales

La familia tal vez disfrute otros libros escritos por Lucille Clifton, tales como *The Boy Who Didn't Believe in Spring* y *Everett Anderson's Goodbye.* Si desean leer un libro en español, busquen *Veva y el mar* de Carmen Kurtz.

Cuentos rompecabezas

Improvisen un cuento dentro de otro cuento. Un miembro de la familia puede comenzar uno y la siguiente persona en retomar el cuento debe improvisar un personaje que cuente algo de su vida, y así sucesivamente. Traten de unir los cuentos de manera ingeniosa. Sigan contando, hasta que toda la familia haya tenido la oportunidad de contar un cuento dentro del cuento anterior.

Home Involvement Activities

Creation of a California Tribe

Your child is reading "Creation of a California Tribe: Grandfather's Maidu Indian Tales" by Lee Ann Smith-Trafzer and Clifford E. Trafzer. The story stresses a better understanding of the importance of oral history in the lives of people from different cultures. This tale of the creation of the Maidu Indian tribe becomes a way for a Native American boy to share a treasured heritage with his classmates.

You may want to try some of these story activities.

Revisit the Story

Ask your child to tell family members about the creation story and about some of the customs of the Maidu people. Ask family members familiar with creation stories from around the world to compare and contrast them with the Maidu story.

Additional Recordings

Expand your family's familiarity with Native American culture by finding records or videotapes on the subject in the library. Look for the videotape *The Taos Pueblo* or the sound recording *Dances and Songs of American Indians.*

The Creation of Me!

Ask family members to set aside an evening for a Creation Storytelling Fest. Suggest that each person find a creation story in the library that he or she can tell to the family. The stories can be read aloud or can be related orally. Background music and/or props will add to the family's enjoyment of the story.

Actividades para hacer en casa

La creación de una tribu de California

Su hijo/a está leyendo "La creación de una tribu de California: los relatos de los indios maidu que contaba el abuelo" de Lee Ann Smith-Trafzer y Clifford E. Trafzer. El cuento hace énfasis en que la cultura oral es importante para los integrantes de diversas tribus. Este relato de la creación de la tribu indígena Maidu, se convierte en el instrumento que emplea un niño indígena americano, para explicar su valiosa procedencia a sus compañeros de clase.

Actividades para el cuento

Otro vistazo al cuento

Animen a su hijo/a a enseñar al resto de la familia el cuento de la creación y algunas de las costumbres de los maidus. Pidan a los miembros de la familia que conozcan historias de la creación, según otras tribus del mundo, que las comparen con el cuento de los maidus.

¡Mi creación!

Pida a los miembros de la familia que reserven una noche para participar en una Fiesta de cuentos de la creación. Sugiera que cada miembro de la familia busque en la biblioteca un cuento sobre el tema, para contárselo a los demás. Los cuentos se podrán leer en voz alta o contarlos de memoria. Para hacerlos más entretenidos, pueden poner música de fondo y decoraciones.

Lecturas adicionales

Amplíen los conocimientos de la familia con respecto a las culturas indígenas americanas a través discos o videocasetes de la biblioteca. Busquen el videocasete titulado *The Taos Pueblo* o la grabación *Dances and Songs of American Indians.* Un libro en español que tal vez les interese es *Los hijos de la tierra y el cielo* de Stephen Krensky.

Home Involvement Activities

No Star Nights

Your child is reading "No Star Nights," an award-winning reminiscence about childhood in a steel-mill town in West Virginia. Written by Anna Egan Smucker, it is a vivid picture of a time when the night sky glowed orange from the steel furnaces and the day sky was filled with rust-colored smoke. But it was also a time of simple pleasures such as town parades, family trips, and school adventures.

You may want to try some of these story activities.

Revisit the Story

Encourage your child to tell the family about the story, recalling as many details as possible. Family members may be able to contribute information about life in the 1930s and 1940s. Share family stories handed down by parents and grandparents about this era.

Additional Readings

Check the library for these and other books about growing up in West Virginia: *The Star Fishers* by Laurence Yep, and *Appalachia: The Voices of Sleeping Birds* and *When I Was Young in the Mountains,* both written by Cynthia Rylant.

Futurespeak

Choose an industry, building, or tradition in your community that could disappear in the future as the steel mill did. Ask family members to write reminiscences from an imagined time in the future in which they talk about the ways in which life has changed and the loss to the community.

Actividades para hacer en casa

Noches sin estrellas

Su hijo/a está leyendo "Noches sin estrellas" de Anna Egan Smucker. Este libro sobre la infancia del protagonista en un pueblo productor de acero en West Virginia fue ganador de un premio. El cuento presenta las imágenes de cuando el cielo nocturno tenía resplandores anaranjados debido a las calderas de acero y el cielo diurno era gris cuando estaba cubierto de humo. Aquélla era también una época de diversiones amenas y sencillas tales como desfiles en las calles, excursiones familiares y aventuras escolares.

Actividades para el cuento

Otro vistazo al cuento

Animen a su hijo/a a contar el cuento a la familia, con tantos detalles como le sea posible. Si los miembros de la familia recuerdan algunos sucesos de las décadas de 1930 y 1940, pídanles que los relaten.

Lecturas adicionales

Busquen en la biblioteca los siguientes y otros libros de relatos de infancia de West Virginia: *The Star Fishers* de Laurence Yep y *Appalachia: The Voices of Sleeping Birds* de Cynthia Rylant. Si desean leer un libro en español, busquen *Veva y el mar* de Carmen Kurtz.

Lenguaje del futuro

Escojan una industria, edificio o tradición de la comunidad de ustedes que podría desaparecer en el futuro, tal como ocurrió con la industria siderúrgica. Pidan a los miembros de la familia, que escriban recuerdos desde un futuro imaginario, en el cual las formas de vida hayan cambiado y las costumbres se hayan perdido.

Home Involvement Activities

Yeh-Shen

Your child is reading "Yeh-Shen: A Cinderella Story from China," retold by Ai-Ling Louie and illustrated by the award-winning artist Ed Young. In this version a fish with magical powers transforms the heroine Yeh-Shen from a ragged orphan, tormented by her stepmother and stepsisters, into a beautiful maiden—complete with tiny golden slippers. The fish helps her reveal her own inner beauty, and she is soon married to the king.

You may want to try some of these story activities.

Revisiting the Story

Encourage your child to tell the story of Yeh-Shen to the family. Then discuss how this version differs from the version with which family members are familiar.

Related Sound Recordings

Family members may enjoy viewing Ed Young's magnificent art work. Look for his books in the library. Here are a few of the many books written and/or illustrated by him: *Eyes of the Dragon* by Margaret Leaf, *Cats Are Cats* by Nancy Larrick, and *In the Night, Still Dark* by Richard Lewis.

Once Upon a Time

Choose a person who interests your family. It could be a public figure, a family friend or relative, or someone with unusual talents. As a family, make up a fairy tale in which that person is the main character. If possible, write down or record your fairy tale and read it or play it for the person about whom it was written.

Actividades para hacer en casa

Yeh-Shen

Su hijo/a está leyendo "Yeh-Shen, la cenicienta de la China", contado por Ai-Ling Louie e ilustrado por el artista premiado Ed Young. En esta versión, un pez con poderes mágicos convierte a la heroína Yeh-Shen, de ser una huérfana andrajosa y atormentada por su madrastra y hermanastras, en una hermosa doncella con zapatillas doradas. El pez le ayuda a revelar su belleza interior, y la muchacha pronto se casa con el rey.

Actividades para el cuento

Otro vistazo al cuento

Animen a su hijo/a a contar a la familia el cuento de Yeh-Shen. Luego, conversen acerca de las diferencias entre esta versión del cuento y una más conocida por la familia.

Grabaciones relacionadas

La familia disfrutará al ver el magnífico trabajo artístico de Ed Young en éste y otros libros ilustrados por él, por ejemplo, *Eyes of the Dragon* de Margaret Leaf y *Cats Are Cats* de Nancy Larrick. Si desean leer un libro en español, busquen *El traje nuevo del emperador* de Hans Christian Andersen.

Había una vez

Escojan una persona que la familia admira, tal como un personaje de la vida pública, un amigo de la familia, un familiar o una persona con una habilidad especial. Entre todos, inventen un cuento de hadas en el cual esa persona es el personaje principal. Si es posible, escriban o graben el cuento de hadas y léanlo o háganselo escuchar a la persona en quien se basó este cuento.

Home Involvement Activities

The Three Little Pigs and the Fox

Your child is reading "The Three Little Pigs and the Fox" by William H. Hooks. In this Appalachian version of "The Three Little Pigs," Hamlet, a young female pig, outwits a scheming fox who has captured her brothers, Rooter and Oinky, and reunites her family. Readers familiar with other versions of this tale will find this version refreshing and highly amusing.

You may want to try some of these story activities.

Revisit the Story

Encourage your child to retell the story to the family. Afterward, discuss Hamlet's strategy for tricking the fox. What other method might she have used to achieve the same results?

Additional Readings

Fascinated by pigs? Look for these and other books in the library: *Piggins* by Jane Yolen and *The Book of Pigericks* by Arnold Lobel.

Natural Enemies

Pigs and foxes do not often come into contact with each other, but there are many animals that are natural enemies in the wild. Your family might enjoy finding out more about these pairs and about how such animals protect themselves from their enemies. A trip to the library might be a good beginning for a research project about natural enemies.

Level 10/Unit 6 • The Three Little Pigs and the Fox

Actividades para hacer en casa

Los tres cerditos y el zorro

Su hijo/a está leyendo "Los tres cerditos y el zorro" de William H. Hooks. En esta versión apalache de "Los tres cerditos", una cerdita llamada Hamlet burla al zorro que tiene atrapados a sus dos hermanos, Rooter y Oinky, y recupera a su familia. Los lectores que conozcan otras versiones de este cuento disfrutarán de la ingeniosidad de esta versión.

Actividades para el cuento

Otro vistazo al cuento

Animen a su hijo/a a relatar el cuento a la familia. Luego, conversen acerca de la estrategia que empleó Hamlet para burlar al zorro. ¿Qué otro método pudo haber empleado para obtener los mismos resultados?

Lecturas adicionales

¿Les gustan los cerditos? Busquen éstos y otros libros de cerditos en la biblioteca: *Piggins* de Jane Yolen, *The Book of Pigericks* de Arnold Lobel y *La verdadera historia de los tres cerditos* de Jon Scieska.

Enemigos naturales

Los cerdos y los zorros generalmente no entran en contacto, pero hay muchos animales salvajes que no se llevan bien a pesar de vivir muy cerca. Su familia disfrutará al averiguar cuáles son estos animales y cómo se protegen los unos de los otros. Una visita a la biblioteca será un buen comienzo, para obtener los datos necesarios, para hacer un proyecto sobre los animales que son enemigos naturales.

Home Involvement Activities

Mufaro's Beautiful Daughters

Your child is reading the award-winning story "Mufaro's Beautiful Daughters: An African Tale," one of the many versions of "Cinderella" told around the world. Written and illustrated by John Steptoe and set in Zimbabwe, it is the story of two sisters, the greedy Manyara and the selfless Nyasha. Both sisters hope to become the wife of the king, and each is put to the test during her journey into the city. The tale is a parable about the true meaning of beauty and the lasting value of charity.

You may want to try some of these story activities.

Revisit the Story

Invite your child to retell the story to the family. Discuss how the story differs from real life. In our world does the most generous or most worthy person always triumph? What examples can your family give of situations that are similar to or different from those that occur in the story?

Additional Readings

John Steptoe died young, but he left children a legacy of beautiful books. Your library probably has these and others of Steptoe's books: *Stevie, The Story of Jumping Mouse,* and *Daddy Is a Monster. . . Sometimes.*

Drums and Mbiras

Family members might enjoy learning more about one of the many African cultures. Research the culture's traditions, costumes, and foods. Try to locate sound recordings of its music, and hold a concert of African music in your home. If possible, serve an African dish or two before the concert.

Level 10/Unit 6 • Mufaro's Beautiful Daughters 23

Actividades para hacer en casa

Las bellas hijas de Mufaro

Su hijo/a está leyendo el cuento premiado "Las hermosas hijas de Mufaro: Un cuento africano", el cual es una de las numerosas versiones de la "Cenicienta" que existen en el mundo. Este cuento, escrito e ilustrado por John Steptoe y ambientado en Zimbabwe, trata de dos hermanas, la egoísta Manyara y la generosa Nyasha. Las dos hermanas aspiran a casarse con el rey y las dos pasan por una prueba durante su viaje a la ciudad. El cuento representa una parábola acerca del verdadero significado de la belleza y del valor de la caridad.

Actividades para el cuento

Otro vistazo al cuento

Animen a su hijo/a a contar esta historia a la familia. Conversen acerca de cómo el cuento es distinto a la vida real. ¿Quién triunfa siempre en nuestro mundo, la persona más generosa o la más importante? ¿Qué ejemplos pueden dar de situaciones similares o distintas de las del cuento?

Lecturas adicionales

John Steptoe murió joven, pero dejó a los niños hermosos libros. Hallarán en la biblioteca éstos y otros libros del autor: *Stevie* y *Daddy Is a Monster... Sometimes*. Si desean leer un libro en español, busquen *Tikki Tikki Tembo*, en versión de Arlene Mosel.

Tambores y mbiras

La familia disfrutará estudiar un poco mejor una de las numerosas culturas africanas. Averigüen las tradiciones, costumbres y comidas propias de la cultura en cuestión. Traten de hallar grabaciones de su música y propicien un concierto de música africana en su casa. Si es posible, sirvan una comida africana antes del concierto.

Home Involvement Activities

The Stonecutter

Your child is reading "The Stonecutter," an Indian folk tale retold by Pam Newton. It tells the story of a stonecutter who is content with his life until he glimpses the riches of a wealthy man. The stonecutter's wishes for a more prosperous life are granted by a sympathetic mountain spirit, but the man soon realizes that high status does not automatically bring with it great satisfaction. Eventually he learns that it is often the simple things that make us truly happy.

You may want to try some of these story activities.

Revisit the Story

Encourage your child to retell the story to the family. Point out its circular structure: the man starts out a stonecutter and then becomes one again. Ask family members to share other stories with the same structure.

Additional Readings

Sometimes having a wish granted leaves the wisher in an unusual predicament. Your library may have these and other books about wishes: *The Wish Giver* by Bill Brittain and *Melisande* by E. Nesbit.

The Folk Tale, Modern Style

In this story the stonecutter was transformed into the sun, a cloud, and a mountain. Invite family members to create a modern version of this folk tale. What job might the main character have? What objects might he or she become? What lesson can be learned from the tale? Encourage family members to write and illustrate your modern folk tale.

Actividades para hacer en casa

El picapedrero

Su hijo/a está leyendo "El picapedrero", una leyenda indígena contada por Pam Newton. Este cuento trata de un picapedrero que está contento con su vida hasta que ve los tesoros de un hombre rico. Los deseos del picapedrero de tener una vida más próspera son cumplidos con la ayuda de un espíritu de la montaña. Sin embargo, el hombre pronto descubre que la posición social no proporciona satisfacción inmediata. Finalmente, el hombre aprende que a menudo las cosas sencillas son las que nos hacen verdaderamente felices.

Actividades para el cuento

Otro vistazo al cuento

Animen a su hijo/a a relatar el cuento a la familia. Señalen el orden circular de la historia: el hombre es al principio un picapedrero y al final vuelve a serlo. Pidan a los miembros de la familia que recuerden algunos cuentos con una estructura similar.

Lecturas adicionales

A veces, cuando se nos cumple un deseo, nos encontramos en un apuro inesperado. Hallarán en la biblioteca éstos y otros libros acerca de deseos: *The Wish Giver* de Bill Brittain y *Melisande* de E. Nesbit. Si desean leer un libro en español, busquen *Sopa de piedras* de Marcia Brown.

La leyenda moderna

En este cuento, el picapedrero se convirtió en el sol, en una nube y en una montaña. Inviten a los miembros de la familia a inventar una versión moderna de este cuento tradicional. ¿Qué trabajo haría el personaje principal? ¿En qué objetos se convertiría? ¿Qué se aprendería del cuento? Animen a los miembros de la familia a escribir e ilustrar la leyenda moderna.